Nadine Baumgärtel, Tina Kaiser

# Euthanasie. Nur ein Thema der Vergangenheit?

GRIN Verlag

**Bibliografische Information der Deutschen Nationalbibliothek:**

Die Deutsche Bibliothek verzeichnet diese Publikation in der Deutschen National-
bibliografie; detaillierte bibliografische Daten sind im Internet über http://dnb.d-
nb.de/ abrufbar.

**Impressum:**

Copyright © 2010 GRIN Verlag GmbH
Druck und Bindung: Books on Demand GmbH, Norderstedt Germany
ISBN: 978-3-656-70701-1

**Dieses Buch bei GRIN:**

http://www.grin.com/de/e-book/277537/euthanasie-nur-ein-thema-der-vergangen-
heit

# Inhaltsverzeichnis

# 1. Einleitung

*„Wir leben alle unter demselben Himmel, aber wir haben nicht alle denselben Horizont. "*

*(Konrad Adenauer, dt. Bundeskanzler 1876-1967)*

Soweit wir zurück auf die Geschichte der Menschen blicken können, stellen wir immer wieder fest, wie verschieden die Lebewesen untereinander sind. Mit den Jahren kam unsere Erkenntnis und wir wissen, dass wir uns in einem größeren Ausmaße unterscheiden, als wie wir es noch vor Jahren annahmen. Philosophen, Wissenschaftler oder Künstler haben sich in allen Generationen mit diesem Phänomen beschäftigt. Jean-Jaques Rousseau beschrieb Mitte des 18. Jh. die für ihn entscheidenden „Ungleichheitsfaktoren"; Geschick, Fleiß und Stärke in seinem „Diskurs über den Ursprung und die Grundlagen der Ungleichheit unter den Menschen". Ohne Zweifel bleibt jedoch die Tatsache, dass es Starke und Schwache, Große und Kleine, Alte und Junge, Gesunde und Kranke, Intelligente und geistig Behinderte gibt. Uns Menschen gibt es in allen Variationen. Doch bei all dieser Differenziertheit sollten wir nie das biologische Toleranzprinzip vergessen, das uns dazu anhalten soll uns gegenseitig zu akzeptieren und uns untereinander in keine Sonderklassen zu unterteilen. Doch dieses Prinzip galt nicht immer. Nie gab es einen größeren Bruch dieser Auffassung als in der Zeit des Nationalsozialismus. Was die Menschen im 18. und 19. Jh. erbauten, um den Schwächeren in ihrer Gesellschaft, den körperlich und geistig Behinderten zu helfen, zerstörten die von ihrer Ideologie getriebenen Nazis und legalisierten seit dem Ermächtigungsschreiben im Oktober 1939 die Ermordung und Ausrottung von den Menschen, die ihren Normen nicht entsprachen. Unserer aller Zukunft liegt bei den neuen Generationen. Das Leben beginnt als junger Mensch und daher setzten die Nazis ihre Selektionen und planmäßigen Morde am Ursprung an; bei den Kindern. Im Rahmen der Kindereuthanasie fielen mindestens 5000 Kinder und Jugendliche bis zum 16. Lebensjahr der Vernichtungsaktion von „lebensunwerten Leben" von 1939 bis 1945 zum Opfer.

In dieser Seminararbeit soll das Thema der Euthanasieverbrechen im Nationalsozialismus und das Beispiel Pirna-Sonnenstein eine grundlegende Rolle spielen, um auf die menschenrechtlichen Diskussionen um Sterbehilfe und andererseits noch immer fragwürdigen Debatten von heute zu stoßen. Wie gehen wir heutzutage mit behinderten Menschen um? Wir haben bessere Möglichkeiten Kindern mit geistigen und schweren körperlichen Behinderungen zu helfen. Unser wissenschaftlicher und technischer Fortschritt ermöglicht ihnen die Integration in unserer Gesellschaft. Doch gerade weil wir wissen, dass dieser Standpunkt nicht immer in der Geschichte vertreten war, müssen wir ein Resümee für unsere Gegenwart ziehen und uns immer wieder mit der Frage befassen: Ist Euthanasie nur ein Thema der Vergangenheit?

Was bedeutete Sterbehilfe damals und was meint sie heute?

- Wie gestaltete sich Euthanasie zur Zeit des Nationalsozialismus?

- Wie sehen die aktuellen Diskussionsansätze und rechtlichen Grundlagen um das Problem der Euthanasie aus?

Wie gehen wir heutzutage mit Behinderung in unserer Gesellschaft um?

- In wie weit kann die Heilpädagogik zu einer besseren Integration Behinderter beitragen?

- Was ist eigentlich Bioethik? Zeigt sich hier eine moderne Form der Rassenhygiene?

Auf diese Fragen möchte ich, mit einem ständigen Blick auf Kinder und Jugendliche, in den nachfolgenden Abschnitten Antwort geben.

## 2. Euthanasie- Damals

### 2.1.  Definition und Historisches

Der Begriff Euthanasie (ευθανασία, euthanasía) findet seine ursprüngliche Bedeutung in der altgriechischen Übersetzung „schöne/sanfte Tod". Insgesamt meint diese Bezeichnung die Beihilfe zu einem möglichst schmerzlosen und friedvollen Tod. Sie bezieht sich auf bestimmte Handlungen die darauf abzielen, unheilbar Kranken, Schwerverletzten und unerträglich Leidenden einen langen Todeskampf oder extreme Schmerzen zu ersparen und wird als Sterbehilfe bezeichnet.[1]

Der Begriff Euthanasie tauchte bereits in der Antike auf, der griechische Dichter Kratinos (um 500-420 v.chr.) verwendete ihn in seiner Komödie. Seitdem durchlief der ursprüngliche Euthanasiebegriff einen fortlaufenden Bedeutungswandel. Wurde zunächst unter Euthanasie eine allgemeine Art des Sterbens und die Haltung zum Tod verstanden, so stellten sich doch

---

[1] Vgl. Council of Europe Publishing: Euthanasie. Nationale und Europäische Perspektiven. S. 177

2

bald darauf auch medizinische Bezüge her. Somit bekam der Begriff zunehmend die Bedeutung einer passiven Hilfe durch andere Personen im und zum Sterben. Während der Jahre vom 19. zum 20. Jh. änderte sich der Wortsinn bedeutend und man verstand darunter nun vorwiegend eine aktive nicht mehr freiwillige Sterbehilfe.[2] Noch vor dem Jahr 1933 kam es zu einer berechneten Verflechtung von Euthanasie, Eugenik und Rassenhygiene, was dem Begriff einen durchaus menschenfeindlichen Wortsinn zusprach. Während der Zeit des Nationalsozialismus verstand sich Euthanasie nun als „Gnadentod" und die Bezeichnung wurde zum Deckmantel für die Ermordung von „lebensunwertem Leben".

Heute nähert sich der Begriff wieder seinem früheren Sinn, nämlich der Herbeiführung des Todes einer unheilbar kranken oder schwer behinderten Person durch bestimmte Therapien. Dabei wird im Regelfall von einem schriftlichen oder sogar mündlichen Einverständnis der betroffenen Person ausgegangen.[3] Es werden verschiedene Formen der Sterbehilfe unterschieden. Dazu zählt die *aktive Sterbehilfe*, also die beabsichtigte Tötung eines Patienten (z. Bsp. durch die Verabreichung giftiger Substanzen) entweder auf dessen ausdrücklichen oder mutmaßlichen Wunsch, bzw. der Entscheidung naher Verwandter, des behandelnden Arztes oder ohne Zustimmung des Patienten. Diese Art von Euthanasie, die eine Herbeiführung des Todes beinhaltet, gilt weithin als moralisch verwerflich und ist nahezu weltweit gesetzlich verboten.[4] Die *passive Sterbehilfe* meint hingegen den Verzicht oder den Abbruch von lebensverlängernden Maßnahmen, entweder aus medizinischen sowie ethischen Gründen oder weil eine Fortführung vom Patienten abgelehnt wurde. Die passive Sterbehilfe wird durchaus häufig praktiziert. Hierbei lässt man den natürlichen Sterbeprozess geschehen, ohne die vorhandenen Möglichkeiten zu nutzen gegen ihn anzukämpfen. Bei dieser Form der Sterbehilfe wird der Wille des Patienten, meist in Form einer Patientenverfügung berücksichtigt. Fehlt eine Solche und ist der Patient aktuell nicht mehr einwilligungsfähig entscheidet der Vorsorgebevollmächtigte (bzw. bei dessen Nichtbenennung der gerichtlich bestellte Betreuer). Weiterhin gibt es auch den *assistierten Suizid*, also die Beihilfe einer anderen Person zur Selbsttötung des Patienten sowie die oft mit aktiver Sterbehilfe verwechselte *indirekte Sterbehilfe*. Die letztere Form von Euthanasie meint die Verabreichung von gefährlichen Substanzen (z.bsp. Schmerzmittel), welche zur Linderung der Schmerzen des Patienten oft notwendig sind, dennoch das Leben verkürzen oder den

---

[2] Vgl. Zülicke: Sterbehilfe in der Diskussion. Eine vergleichende Analyse der Debatten in den USA und Deutschland. S. 46
[3] Vgl. Bundesgerichtshof: Pressemitteilung Nr. 129/10 (Internet)
[4] Vgl. Schramme: Bioethik. S. 110

früheren Tod suggerieren. Der Sterbeprozess wird hierbei beschleunigt, dennoch ist der Tod keine beabsichtigte Folge der üblichen medizinischen Behandlungen. Bei der indirekten Sterbehilfe wird der Beschleunigungsprozess des Todes, beispielsweise durch Medikamente, nicht als ein Mittel zum Zweck verstanden. Darum ist diese Form der Sterbehilfe erlaubt.[5] Zusätzlich gibt es noch eine weitere Unterscheidung zwischen freiwilliger und unfreiwilliger Sterbehilfe. Hierbei muss strikt unterschieden werden, ob der herbeigeführte oder der geschehen gelassene Tod mit oder gegen den Willen des Patienten veranlasst wurde. Die nichtfreiwillige Sterbehilfe gilt als Mord und ist unter allen Umständen verboten. Ein extremes Beispiel der unfreiwilligen Euthanasie ist demnach die Vorgehensweise der Nationalsozialisten gegen Behinderte und Kranke.

## 2.2. Euthanasie im Nationalsozialismus

## 2.2.1. Behinderung- Ein Ticket in den Tod

Im Oktober 1939 unterzeichnete Adolf Hitler ein formloses Schreiben auf privatem Briefpapier, wobei er anwies, die Ermordung der „unheilbar Kranken" zu organisieren. Darin hieß es: *„Reichsleiter Bouhler und Dr. med. Brandt sind unter Verantwortung beauftragt, die Befugnisse namentlich zu bestimmender Ärzte so zu erweitern, dass nach menschlichem Ermessen unheilbarer Kranken bei kritischer Beurteilung ihres Krankheitszustandes der Gnadentod gewährt werden kann."*[6] Diese geheime Ermächtigung war rückdatiert auf den 1. September 1939. Somit markiert dieses Datum damit nicht nur den Beginn des 1. Weltkrieges (1939-1945), sondern auch den Anfang eines Krieges gegen psychisch kranke und behinderte Menschen.[7] Während der Diktatur im Nationalsozialismus wurden 350.000-400.000 Frauen und Männer sowie Kinder und Jugendliche als erbkrank eingestuft und unfruchtbar gemacht. Mehr als 200.000 überwiegend geistig Behinderte wurden durch Giftgas, Medikamente oder Nahrungsentzug ermordet.[8] Diese Opfer wurden als „lebensunwert" eingestuft, da sie der Norm eines gesunden und leistungsstarken deutschen Volksgenossen widersprachen. Seit Kriegsbeginn wurde die Zwangssterilisation allmählich reduziert und die zweite Phase, die

[5] Vgl. ebd. S. 111
[6] Klee: Euthanasie im NS-Staat- Die Vernichtung „lebensunwerten Lebens". S. 100
[7] Vgl. Böhm: Von einer Heilanstalt zu einem Ort Nationalsozialistischer Tötungsverbrechen. S. 59
[8] Vgl. Zimmermann: Quellen zur Geschichte Thüringens. Überweisung in den Tod. Nationalsozialistische Kindereuthanasie in Thüringen. S. 21

Vernichtung „lebensunwerten Lebens" begann. Unter strengster Geheimhaltung wurden in dieser Phase zwei Programme konzipiert und umgesetzt.

1. Die „Aktion T4", wobei Patienten aus Heil- und Pflegeanstalten erfasst wurden um begutachtet, selektieren und letztlich getötet zu werden.

2. Die „Kindereuthanasie" mit dem Ziel, lebendige Kinder aus privaten Haushalten zu erfassen, zu selektieren und ebenfalls zu töten.[9]

Im Rahmen der Mordaktion T4[10] kamen 70.273 Patienten, denen das Lebensrecht abgesprochen wurde, mit Sammeltransporten meist über sogenannte Zwischenanstalten[11], in die Tötungsanstalten Bernburg, Brandenburg, Grafeneck, Hartheim bei Linz, Hadamar oder Sonnenstein bei Pirna.[12] Dort wurden sie vergast und kurz darauf verbrannt. Trotz der strengen Geheimhaltung kam es zu Protesten, vor allem aus der katholischen Kirche. Diese Umstände veranlassten den vorübergehenden offiziellen Abbruch der Vernichtungsaktionen. Arbeitsunfähige Häftlinge und Juden wurden jedoch weiterhin ermordet. Die hierbei erprobten Techniken und das bewährte Personal der Aktion T4 wurde in den Vernichtungslagern Treblinka und Sobibor eingesetzt. In den deutschen Heil- und Pflegeanstalten gingen derweilen die Morde an Kranken weiter. Bis zum Ende des 2. Weltkrieges wurden mehrere Tausende Psychiatriepatienten durch Gas, Medikamente und Nahrungsentzug getötet.

## 2.2.2. Der Mord an Kindern und Jugendlichen

Parallel aber unabhängig zur Aktion T4 wurde die Ermordung behinderter Kinder von der Kanzlei des Führers, dem „Rechtsausschuss zur wissenschaftlichen Erfassung erb- und anlagebedingter schwerer Leiden", kurz „Reichsausschuss" genannt, organisiert.[13] Im August 1939 erging ein streng vertraulicher Runderlass des Reichsinnenministers, der die Einführung der Meldepflicht für geistig und körperlich behinderter Neugeborener festlegte. Hiermit begann die systematische Erfassung von Kindern bis zu drei Jahren mit folgenden Krankheiten:

---

[9] Vgl. ebd. S. 23
[10] Benannt nach dem Hauptsitz der zuständigen Behörde an der Tiergartenstraße 4.
[11] Die Zwischenanstalten hatten zwei wesentliche Aufgaben; erstens die VernichtungsKapazitäten der sechs Tötungsanstalten zu steuern und zweitens den Verbleib der Opfer vor deren Verwandten zu vertuschen
[12] Vgl. ebd. S.24
[13] Vgl. Orth: Die Transportkinder aus Bonn. „Kindereuthanasie". S. 28

1. Idiotie
2. Mongolismus
3. Mikrocephalie (Kleinkopf)
4. Hydrocephalus (Wasserkopf)
5. Missbildungen aller Art
6. Lähmungen, einschließlich spastischer Lähmung

Ab August 1941 wurde die Meldepflicht auch auf ältere Kinder ausgedehnt, mit dem Ziel der Erfassung von „unnützen Essern."[14] Die mit den Namen von behinderten Kindern und Jugendlichen ausgefüllten Meldebögen wurden unverzüglich an den zuständigen Amtsarzt bzw. an den Leiter des Gesundheitsamtes verschickt. Von dort aus erfolgte die Weiterleitung an die Tarnorganisation, dem Reichsausschuss[15]. Hier fand die Beurteilung der Patienten aufgrund der vorliegenden Meldebögen durch Gutachter statt. Diese Ärzte entschieden über Leben und Tod der Kinder, indem sie ein „+" oder ein „-" vermerkten. Das Zeichen „+" stand für den Tod.[16] Danach erfolgt der Abtransport der ausgesonderten Kinder in die sogenannten Kinderfachabteilungen. Dieser Transport erfolgte meist mithilfe der „grauen Busse"[17] der Organisation „Gemeinnützige Krankentransport GmbH." Ohne Einwilligung der Eltern und ohne gesetzliche Grundlage wurden die Kinder in den 25 bis 30 verschiedenen Kinderfachabteilungen nach einer kurzen Beobachtungszeit mittels Medikamente oder Nahrungsentzug um ihr Leben gebracht. Für Forschungszwecke wurden die Gehirne der Euthanasieopfer teilweise gesammelt und dem Gehirnforscher des Reichsausschusses zugeliefert. In Deutschland fielen bis Kriegsende mindestens 5000 Kinder der Kindereuthanasie zum Opfer. In Sachsen gab es seit 1940 Kinderfachabteilungen an der Universitätsklinik Leipzig und an der Landesanstalt Leipzig-Dösen. Nach dem Bombenangriff auf die Stadt Leipzig wurde die Kinderfachabteilung Dösen nach Großschweidnitz verlegt.[18]

---

[14] Vgl. ebd. S. 29
[15] Der Hauptsitz dieser Organisation befand sich in Berlin, im Hauptamt (Abteilung II b) der Kanzlei des Führers
[16] Vgl. ebd.
[17] Seit dem 24.06.2010 steht das Denkmal der „grauen Busse" in der Grohmannstraße in Pirna
[18] Vgl. Böhm: Von einer Heilanstalt zu einem Ort Nationalsozialistischer Tötungsverbrechen. S. 118

## 3.  Das Beispiel: Pirna-Sonnenstein

### 3.1.  Unser erster Eindruck der Gedenkstätte Pirna-Sonnenstein

*Eine schriftliche Zusammenfassung der Besichtigung der Gedenkstätte auf dem Sonnenstein Pirna vom 05.05.2010 von Nadine Baumgärtel und Tina Kaiser*

Am 05. Mai 2010 fuhren wir nach Pirna, um dort den Ort der Euthanasie-Verbrechen zur Zeit des Nationalsozialismus zu besichtigen. Bereits beim Betreten der Innenstadt durchfuhr uns ein seltsames Gefühl. Das Stadtzentrum Pirnas ist geprägt durch alte Gebäude, die an frühere Zeiten erinnern. Man fühlt sich in die Vergangenheit zurückversetzt.

Als wir durch die Altstadt liefen, viel unser Blick auf ein Schloss, welches sich über die Altstadt erhob. Uns beiden war sofort klar, dass es sich hierbei um das Schloss Sonnenstein handeln muss, welches ganz in der Nähe der Gedenkstätte steht. Wir versuchten uns vorzustellen wie es wohl war, in dieser Stadt zu wohnen und zu sehen, wie in der Nähe des Schlosses schwarze Rauchschwaden aufstiegen. Konnte man dies überhaupt übersehen haben, wie es einige Zeugen

*Abbildung 1*

berichten? Wenn man diese Stadt besucht, kann man diesem Ereignis nicht entgehen. Dafür

wurde gesorgt, indem ein Denkmal für die Opfer des Faschismus aufgestellt wurde, mit der Aufschrift „Die Toten Mahnen." Weiterhin sind Tafeln in der gesamten Stadt verteilt, die die Besucher mit prägnanten Stichworten, wie beispielsweise „Heil- und Pflegeanstalt", „Gnadentod", „Krematorium", „Trostbrief" empfangen. Insgesamt wurden 16 Tafeln aufgestellt, die die Besucher zu der Gedenkstätte

*Abbildung 2*

führen sollen. Durch das Lesen der Aufschriften auf den Tafeln werden die Menschen mit dem Thema konfrontiert. Weiterhin wurde eine Gedenkspur entwickelt, welche die Besucher und Anwohner auf dem Boden entdecken können. Diese Gedenkspur besteht aus bunten Kreuzen. Doch wo fängt sie an und wo hört sie auf?

Dieser Frage sind wir nachgegangen. Auf dem Weg zur Gedenkstätte haben wir die Spur immer im Auge behalten. Als wir den Sonnenstein fast erreicht hatten wurde die Situation immer angespannter, weil wir

*Abbildung 3*

wussten, dass wir nun bald das Gebiet der nationalsozialistischen Verbrechen betreten würden. Dann führte uns der Weg durch eine steinerne Mauer. Wir waren da. Das Gelände war mit neu aussehenden Häusern bebaut, welche in einem freundlichen orange gestrichen

waren. Wir entdeckten zum wiederholten Male eine Tafel, die an die Bedeutung der Kreuze auf dem Boden hinwies und tatsächlich, die Gedenkspur war auch hier oben zu finden. An einer Hauswand entdeckten wir den Schriftzug „Gegenwart ist Vergangenheit", welchen wir zwei als sehr passend empfanden. Wir begannen uns

*Abbildung 4*

weiter umzusehen und entdeckten eine Behindertenwerkstatt, die direkt an das erste Gebäude angebaut war. Von der Existenz dieser Behindertenwerkstatt wussten wir bereits durch eine Dokumentation über Pirna Sonnenstein. Dennoch konnten wir uns nicht entscheiden was wir davon halten sollen. Kann an einem Ort wo Tausende von Menschen getötet wurden, eine Einrichtung für Behinderte errichtet werden, welche sich in ein und demselben Gebäudekomplex befindet? Die Ausstellung in der Gedenkstätte besteht aus einer Dauer- und einer Sonderausstellung. In der Dauerausstellung wird die Geschichte der ursprünglichen Pflegeanstalt bis heute dokumentiert. Dabei liegt der Schwerpunkt auf der Nutzung durch die Nationalsozialisten. Es ist eine interessante Ausstellung, die viele Hintergründe vermittelt. Als ein Beispiel für die Kindereuthanasie wurde Ursula Heidrich aufgeführt. Obwohl die Ausstellung sehr informativ war, waren wir etwas enttäuscht, weil sie doch sehr klein war. Die Wanderausstellung befasste sich mit dem Thema: Die nationalsozialistische „Euthanasie" im Reichsgau Sudetenland und im Protektorat Böhmen und Mähren 1939-1945. Dort wurden viele Inhalte aus der Dauerausstellung noch einmal unter einem gesonderten Gesichtspunkt betrachtet. Nach dem Besichtigen der beiden Ausstellungen gingen wir in den Keller, wo sich die Gaskammer sowie das Krematorium befanden. Als wir die Tür zum Keller öffneten, sahen wir ein paar Stufen, die in die Tiefe gingen. Wir stiegen sie herab, begleitet von den Kreuzen. Es war ein unheimliches Gefühl, den Boden zu betreten, über den viele Tausend Menschen nackt gegangen waren, um in den Tod geschickt zu werden. Es war unvorstellbar, dass die Anhänger des Nationalsozialismus die Menschen in diese Kammer schickten, die Tür schlossen und dann dabei zusahen und darauf warteten, wie das „lebensunwerte Leben" qualvoll zu ersticken

*Abbildung 5*

begann. Unser Weg führt uns weiter in den Leichenraum, den Verbrennungsraum und einen Raum, wo sich der Kamin befand. Es war unfassbar. Zum Gedenken an die Verstorbenen wurden ein Raum der Stille und ein Gedenkraum eingerichtet. In dem Raum der Stille befanden sich drei Glaswände. Sie enthielten die Namen der 14.751 Opfer und hier war der Anfang der Gedenkspur ebenfalls mit dieser Zahl versehen. Man konnte weiterhin ein Bild von dem wohl bekanntesten Opfer Elfriede Lohse – Wächtler sehen. Es war das Bild, was sie malte, als sie bereits ahnte, dass sie sterben würde. Das Letzte was wir zu sehen bekamen, war der Gedenkraum. In diesem wurden stellvertretend für alle nationalsozialistischen Mordopfer die Lebens- und Leidensgeschichten von 22 Menschen dargestellt, darunter auch Kinder, die auf dem Sonnenstein ermordet wurden. Die Beispiele zeigten die geschichtlichen Ereignisse noch einmal genauer und machten sie deshalb greifbarer. Wir versuchten uns vorzustellen, wie es wohl ausgesehen haben muss, als die Menschen hier unten standen; mager, verängstigt und geschwächt. Doch es war nicht möglich sich in diese Situation hineinzuversetzen. So etwas kannten wir zwar aus Dokumentationen, dennoch waren wir sehr ergriffen. Um das Geschehene besser zu verarbeiten suchten wir das Gespräch mit B.S., welche uns hilfsbereit zur Seite stand und uns geduldig all unsere Fragen beantwortete.

Anschließend liefen wir die Gedenkspur entlang, um herauszufinden wo sie endete. Sie führte uns zur Elbe, wo das erste Kreuz zu sehen war, welches für das erste Opfer steht. Durch die Witterungsbedingungen waren allerdings nicht mehr alle Kreuze so gut sichtbar, was wir als sehr schade empfanden.

Eine letzte Frage die uns beschäftigte, auf die wir jedoch keine Antwort finden konnten: „Wie kann man in dieser Stadt leben, wenn überall Hinweise auf die schrecklichen Verbrechen der Nationalsozialisten verteilt sind?" Diese Menschen werden mit der Vergangenheit konfrontiert, was wir positiv betrachten. -Denn Vergangenheit ist Gegenwart.-

## 3.2.    Zur Geschichte der Gedenkstätte

Die Anhöhe des Sonnensteins Pirna wurde erstmals im Jahr 1269 im Zusammenhang mit einer Burg und Festungsanlage genannt. Im frühen 19. Jh. wurde die Anlage zu einer Anstalt für als heilbar angesehene Geisteskranke umgebaut. 1928 wurde Prof. Hermann P. Nitsche[19]

---

[19] Der Direktor der Heil- und Pflegeanstalt Leipzig-Dösen und Pirna Sonnenstein war zugleich Gutachter und medizinischer Leiter der Aktion T4

zum Direktor der Heilanstalt Sonnenstein berufen. Sein Amtsantritt markierte den Beginn der systematischen Ausgrenzung von vorwiegend psychisch Kranken und geistig Behinderten. Die ehemalige karitative Heilanstalt wurde im Frühjahr 1940 zu einer Tötungsanstalt umfunktioniert. Im Keller des Gebäudes wurde eine Gaskammer errichtet und ein Krematorium eingebaut. Um die inneren Vorgänge zu verdecken, errichtete man einen hohen Bretterzaun um das Gelände. Am bewachten Eingangstor wurden die Opfer vom Pflegepersonal nach Männern und Frauen selektiert und in verschiedene Aufnahmeräume geführt. Von dort aus wurden sie einzeln den Ärzten vorgeführt, welche ihre Identität prüften und eine vorgetäuschte Todesursache festlegten. Den Hinterbliebenen kam später eine Sterbeurkunde mit der gefälschten Todesursache und ein standardisierter Trostbrief zu. Die Opfer wurden unter dem Vorwand, sich einer Dusche zu unterziehen, in die Gaskammer geführt. Nach dem Eintritt des Todes wurde zunächst das Gas abgesaugt und die Leichenverbrenner zogen die Mordopfer in das Krematorium um diese, nach der Obduktion einzelner Patienten und dem Herausbrechen der Goldzähne, zu verbrennen. Die Asche wurde üblicherweise auf der Anstaltsdeponie gelagert oder einfach den Elbhang hinunter gekippt. In der nationalsozialistischen Tötungsanstalt Pirna-Sonnenstein wurden in den Jahren 1940 und 1941 etwa 15.000 Menschen ermordet. Hinzu kamen am Ende auch Häftlinge aus Konzentrationslagern. Desweiteren befanden sich unter den Opfern etwa 700 Kinder, die aus dem Katharinenhof im sächsichen Großhennersdorf und aus der Landesanstalt Chemnitz-Altendorf stammten. Diese Anstalt ist vor allem wegen der hohen Zahl ihrer Opfer einer der grausamsten Orte nationalsozialistischer Verbrechen in Sachsen.[20]

Im Deutschen Reich wurden in den Jahren 1940 bis 1941 sechs solcher Vernichtungsanstalten eingerichtet, in denen mehr als 70.000 Menschen aus psychiatrischen Pflegeeinrichtungen, Krankenhäusern und Alters- und Pflegeheimen ermordet wurden.

## 3.3.    In Gedenken an die Opfer der Euthanasie-Verbrechen

Seit dem Jahr 1989 erweckten die Ereignisse aus der Zeit des Nationalsozialismus allmählich öffentliches Interesse. Ausschlaggebend dafür war eine erste kleine Ausstellung am 1. September 1989 des Historikers Götz Aly zur „Aktion T4" im Evangelisch-Lutherischen Gemeindezentrum Pirna-Sonnenstein. Folglich entstand eine Bürgerinitiative zur Schaffung

---

[20] Vgl. ebd. S. 7

einer würdigen Gedenkstätte für die Opfer der Euthanasie-Verbrechen auf dem Sonnenstein.[21] Die zur Vernichtung genutzten Räumlichkeiten wurden seit 1995 rekonstruiert und zu einer würdigen Gedenkstätte hergerichtet.

Weiterhin wurde im Juni 2000 die historische Dauerausstellung eingeweiht. Den zentralen Schwerpunkt bilden die Euthanasie-Verbrechen und die weiteren Vergasungsaktionen von Häftlingen aus den Konzentrationslagern. Zudem gibt es wechselnde Sonder- und Wanderausstellungen. Im Kellerraum der Gedenkstätte befinden sich zudem der bereits genannte „Gedenkraum" und der „Raum der Stille."

Die Gedenkstätte bietet den Besuchern derzeit Gruppenführungen, Projektarbeiten für Schüler, Fortbildungsseminare oder Filmvorführungen an. Laut der freien Mitarbeiterin B. S. werden diese Angebote vor allem von Schülergruppen der Gymnasien oder Mittelschulen, Berufsbegleitenden Schulen wie der Alten- und Krankenpflege, Offiziersschulen der Bundeswehr, Pfadfindern, Jugendweihen oder Jugendlichen, welche sich im Diakonischen oder Freiwilligem Sozialen Jahr befinden, genutzt.[22]

In der Stadt Pirna befinden sich viele weitere Erinnerungen an die Opfer der nationalsozialistischen Aktionen. Die Mahnmale der Glastäfelchen oder die Gedenkspur aus 14.751 Kreuzen, vom Schloss Sonnenstein bis zur Elbe, sind zum Beispiel ein Projekt der Aktion Zivilcourage e.V.. Seit einigen Wochen steht nun auch das zweiteilige „Denkmal der grauen Busse" in Pirna. All diese Hinweise auf die Vergangenheit zeigen wie wichtig es sein muss, auch in der Gegenwart an die grausame Zeit der Euthanasie-Verbrechen zu gedenken.

## 4. Euthanasie- Heute

### 4.1.  Ansätze zur aktuellen Diskussion um Euthanasie und Sterbehilfe

Auch heutzutage haben sich die Diskussionen um das Thema Euthanasie und dessen ständige Verbindung mit den Aktionen im Nationalsozialismus noch lange nicht gelegt. Aus diesen historischen Gründen wird der Begriff Euthanasie in Deutschland konsequent vermieden und durch die Bezeichnung „Sterbehilfe" ersetzt. Der Euthanasie-Begriff wird ausschließlich

---

[21] Vgl. ebd. S. 10
[22] Dazu Anlage 1: Verlaufsprotokoll über das Gespräch mit einer freien Mitarbeiterin der Gedenkstätte Pirna-Sonnenstein

innerhalb der Tiermedizin verwendet. Doch auch andere Aspekte führen derweilen zu heftigen Diskussionen.

Zum einen ist der hohe Entwicklungsgrad der technischen Medizin, insbesondere der Intensivmedizin, und die resultierenden Möglichkeiten Menschenleben zu verlängern, ein umstrittener Diskussionsgrund. Die Maßnahmen zur Lebenserhaltung der Patienten können infolge des technischen Fortschrittes bis in eine unermessliche Situation führen, was oft zum Unbehagen vieler Beteiligter führen kann. Auf der anderen Seite wird die Problematik der steigenden Anzahl alter und pflegebedürftiger Menschen aufgeworfen. *„Bereits heute muss sich das deutsche Gesundheitswesen mit einer stetig zunehmenden Zahl älterer Menschen auseinandersetzen, die Versorgungsleistungen nutzen und somit einen großen Teil der verfügbaren Ressourcen binden."*[23] Deren Anzahl hat *„[...] bereits in den letzten fünf Jahrzehnten um 271% zugenommen [...]."*[24] Die Werteauffassungen innerhalb der Gesellschaft spalten sich hinsichtlich dieser Tatsachen. Auch nach der historischen Problemhaltung, melden sich viele Stimmen mit der Forderung nach „Euthanasie." Die Frage nach der Notwendigkeit der Aufrechterhaltung von unheilbar Kranken und über lange Zeit dahinsiechenden Menschenleben, ist hoch aktuell. Diese Menschen stellen zusätzlich eine besonders, von „unfreiwilliger Euthanasie" bedrohte Patientengruppe dar.[25]

Einen nächsten Diskussionsansatz hierzu liefert die gewandelte Einstellung unserer postindustriellen Gesellschaft gegenüber dem Leben, dem Tod und auch der Euthanasie. Der Mensch lebt zunehmend in einer fiktiven Welt des Vollkommenen und des Planbaren. Er möchte sein Schicksal selbst in die Hände nehmen und ist oft nicht mehr bereit sein Lebensende durch rechtliche Gesetze bestimmen zu lassen. Immer häufiger wir die Forderung nach Selbstbestimmung über den eigenen Tod und dem Urteil darüber wann sein Leben nicht mehr „lebenswert" ist. [26]

Unsere Gesellschaft entwickelt sich zu einer *„immer stärker werdenden Wohlstandsmassengesellschaft [...], die eigentlich alle Schichten der Existenz, alle früheren Formen gesellschaftlichen Daseins durchdringt [...], die im Wohlstand mehr und mehr, [...],*

---

[23]Maaz/ Nordheim/ Winter/ Kuhlmey: Chronische Krankheit im Alter: Versorgungsrealitäten aus Patientensicht. S. 217
[24] Ebd.
[25] Vgl. Eibach: Sterbehilfe- Tötung aus Mitleid? Euthanasie und „lebensunwertes" Leben. S. 240
[26] Vgl. ebd.

*verschwindet.*"[27] So lautete ein Argument des Heilpädagogen Karl König in seinem Vortrag im November 1965 in Föhrenbühl. Der Begründer der internationalen Camphill- Bewegung, erwähnte in diesem Zusammenhang auch die „Regulative" der älteren und überalten Menschen, einer Gruppe von Patienten denen das Sterben unmöglich ist, weil sie durch bestimmte Maßnahmen am Leben erhalten werden. Nach wie vor stellt sich in unserer Gesellschaft die Frage, wie mit dieser „Regulative" umgegangen werden soll. In welchem Maße fordern die Menschen Euthanasie heute? Was für den einen, hinsichtlich der Sterbehilfe, als wohlwollendes Recht empfunden wird, gilt für den anderen als Schaden. Königs Antwort lautete:

*„Die Aufgabe ist, nicht mit einer negativen Euthanasie uns diesen Menschen zu nähern, sonder zu lernen, dass es etwas anderes gibt. Es gibt etwas, von dem ich wage, es die positive Euthanasie zu nennen. Das ist etwas, was heute in den Jungen Menschen zu erwachen beginnt. Das Peace Corps in Amerika für die entwicklungsschwachen Länder, das ist positive Euthanasie. Die Heilpädagogik als Lebenshilfe, das ist positive Euthanasie. Das Bauen von Altersheimen; so falsch es ist, ist der Versuch einer positiven Euthanasie. Das heißt, zu versuchen, aus jenen Regulativen gemeinschaftsbildende Keime in den krebszerfressenen Organismus unserer Gesellschaft einzusetzen. Das ist, um was es geht."*[28]

## 4.2.  Rechtliche Grundlagen in Deutschland

Die Sterbehilfe bleibt ein umstrittenes Thema in Deutschland. Wo verlaufen die Grenzen zwischen Mord, Selbstmord und Sterbehilfe?

Bis heute gilt ein absolutes Verbot in Deutschland, wenn es sich um die aktive Sterbehilfe handelt, genauer um die Tötung auf Verlangen. Allerdings gab es häufig Fälle von Sterbehilfe, die im sogenannten Graubereich der juristischen Rechtssituation lagen und schwer zu entscheiden waren. Dazu gehörte der Abbruch von lebenserhaltenden und verlängernden Maßnahmen, wie die Beendigung einer künstlichen Beatmung.[29] Diese Variante zählt eigentlich zur passiven Sterbehilfe. Seit dem 20. September 2006 wurde dieser Fall diskutiert.

---

[27] König: Das Seelenpflege-bedürftige Kind. Vom Wesen der Heilpädagogik. S.219
[28] Ebd. S. 225
[29]Vgl. Woratschka: Beim Sterben helfen. (Internet)

Durch ein Urteil des Bundesgerichtshofes vom 25. Juni 2010 wurde die Anerkennung des Patientenwillens gestärkt. Seitdem gilt es streng auf die Patientenverfügung zu achten und den tatsächlichen oder auch mutmaßlichen Willen der aktuell nichteinwilligungsfähigen Person zu ermitteln. Hierbei hat der Bundesgerichtshof erstmals entschieden, dass ein Behandlungsabbruch mit schriftlicher oder sogar mündlicher Patientenverfügung straflos bleibt, wenn sich Ärzte und Betreuer einig sind. Im Falle der Uneinigkeit muss ein Gericht entscheiden. Sofern sich der Patient im Endstadium einer unheilbaren Krankheit befindet, ist der Behandlungsabbruch sogar schon vor der Sterbephase zulässig. Allerdings zählt vor allem der zuvor in einer Patientenverfügung erklärte Wille des Patienten. Im Urteil heißt es: *„1. Sterbehilfe durch Unterlassen, Begrenzen oder Beenden einer begonnenen medizinischen Behandlung (Behandlungsabbruch) ist gerechtfertigt, wenn dies dem tatsächlichen oder mutmaßlichen Patientenwillen entspricht (§ 1901a BGB) und dazu dient, einem ohne Behandlung zum Tode führenden Krankheitsprozess seinen Lauf zu lassen."*[30] Desweiteren ist ein Behandlungsabbruch seitdem nicht mehr nur durch Unterlassen von Maßnahmen zulässig, sondern auch durch aktive Handlungen (wie in diesem Fall das Durchschneiden eines Versorgungsschlauches).[31]

Das Thema der Sterbehilfe betrifft nicht nur die älteren Generationen, sondern kann durch Unfälle oder Krankheiten auch Kinder und Jugendliche betreffen. Urteilsfähige Minderjährige besitzen ein Entscheidungsrecht über ihre Behandlungsaufnahme, deren Fortsetzung und Einstellung. Sind die minderjährigen Kinder jedoch nicht entscheidungsfähig, urteilen die Eltern über die notwendigen Maßnahmen.[32] Der Rechtsanwalt Dr. Kautz weist darauf hin, dass es von Gesetzes wegen nicht vorgesehen ist, dass eine gerichtliche Genehmigung für den Behandlungsabbruch bei Kindern eingeholt wird. Sind sich die Eltern des betroffenen Kindes jedoch unsicher bei ihrer Entscheidung, können sie durch einen „künstlichen Dissens" eine gerichtliche Entscheidung herbeiführen.

Noch ein weiterer Aspekt betrifft das Thema der Sterbehilfe. Letztlich gehört auch die besonders frühe Form der Euthanasie, der Schwangerschaftsabbruch aufgrund der Feststellung von schweren Erkrankungen oder Entwicklungsstörungen des Ungeborenen, dazu. Seit 1995 ist es laut § 218a Abs. 2 StGB erlaubt, sich auch über die herkömmlichen 12

---

[30] Bundesgerichtshof: Urteil 2 StR 454/09 (Internet)
[31] Vgl. ebd.
[32] Vgl. Kautz: Sterbehilfe für Kinder? OLG Hamm: In Ausnahmefällen ist die Einstellung der Ernährung zulässig. (Internet)

Wochen hinaus für einen Schwangerschaftsabbruch zu entscheiden, wenn festgestellt wurde das das ungeborene Kind eine Behinderung haben wird. Die Behinderung des Embryos allein ist aber kein Grund für einen Schwangerschaftsabbruch. Es sollte laut Gesetzestext, eine Gefahr für das Leben oder die Gefahr einer schwerwiegenden Beeinträchtigung des körperlichen oder seelischen Gesundheitszustandes der Schwangeren abgewendet werden.[33] Bis 1995 war die „embryopathische Indikation" als eigene Ziffer geregelt. Diese ermöglichte damals einen Schwangerschaftsabbruch aufgrund einer schwerwiegenden gesundheitlichen Schädigung des Embryos bis zur 22. Woche. Durch den ersatzlosen Wegfall dieser Frist wurden seitdem ein rechtmäßiger Schwangerschaftsabbruch mit Beratungspflicht sogar bis kurz vor der Geburt ermöglicht.

## 5. Der Umgang mit Behinderung im modernen Zeitalter

### 5.1. Die Heilpädagogik

Bei näherer Betrachtung der Thematik um Euthanasie wird schnell deutlich, dass es weitaus mehr Spezialgebiete gibt, die in einer unmittelbaren Verbindung zu diesem Problem stehen. In einem Kontext um Sterbehilfe sollten nicht nur die rechtlichen Grundlagen aufgedeckt werden und somit die Tatsachen um die Frage: „Was tun, wenn es soweit ist?" Vorerst sollte die Rede sein von einem Weg, der bis zu dieser Situation führt oder sogar noch viel früher ansetzt. Wie gehen wir mit behinderten Menschen in unserer Gesellschaft um? Welche Lösungsansätze haben wir gefunden? Inbegriffen ist dabei auch eine Form der „positiven Euthanasie", so wie es Karl König ausdrückte. In diesem Zusammenhang kann auch die Heilpädagogik gesehen werden.

Diese noch junge wissenschaftliche Disziplin hat sich schließlich zur Aufgabe gemacht behinderte und emotional oder geistig benachteiligte Kinder erzieherisch und heilpädagogisch zu helfen. Die Betonung liegt hier weniger auf „Heilung" sondern eher auf einem pädagogischen Konzept Kindern und Jugendlichen die Integration in die Gesellschaft und eine bestmögliche Ausbildung im sozialen und beruflichen Bereich zu erleichtern. In der Heilpädagogik als erziehungswissenschaftliche Disziplin geht es vor allem um „ein ganzheitliches Wahrnehmen und Verstehen des Menschen."[34] Der einzelne Mensch als

---

[33] Vgl. Bundesministerium der Justiz: StGB. §218a Abs. 2 (Internet)
[34] Klein/ Meinertz/ Kausen: Heilpädagogik: Ein pädagogisches Lehr- und Studienbuch. S. 16

Individuum steht im Zentrum aller Betrachtungen. Erst anschließend folgt ein Blick auf die Auffälligkeiten wie Krankheiten und Behinderungen. Sie spielen die nachgeordnete Rolle bei einem Menschen. Um mit der Lösung von pädagogischen Problemstellungen zu beginnen muss der Mensch als Ganzes betrachtet werden, zusammen mit all seinen Fähigkeiten, seinen Einstellungen und seinem sozialen Umfeld. Die Heilpädagogik führt fort, was die landläufig übliche Erziehung angesichts der erschwerten Bedingungen nicht mehr schafft.[35] Eingeschlossen ist vorwiegend die Erziehung von Kindern mit Beeinträchtigungen im Bereich der Kognition (lern- und geistige Behinderungen), der Bewegung (Körperbehinderungen), des Sehens (Erblindungen, Sehbehinderungen), des Hörens (Gehörlosigkeit, Schwerhörigkeit) und der Sprache (Sprachbehinderungen). Hinzu kommen auch längerfristig kranke oder pflegebedürftige Personen und Menschen mit Beeinträchtigungen des Erlebens und Verhaltens.[36]

Diese, vor wenigen Jahren erst zu einer Wissenschaft entwickelte Form der Behindertenpädagogik, steht also im absoluten Gegensatz zu der historischen Auffassung der Nationalsozialisten. In der Heilpädagogik wird primär auf den einzelnen Menschen in seiner Ganzheit und seiner Einmaligkeit Rücksicht genommen. Der „unversehrte innere Kern" ist der zentrale Ausgangspunkt. Hier findet die heilpädagogische Aufgabe ihren Ansatz.

Ich möchte hierzu dennoch nicht tiefer in die Thematik einsteigen. Die Heilpädagogik dient als Beispiel einer Gegenüberstellung von verschiedenen ethischen Auffassungen hinsichtlich des Umgangs mit behinderten Menschen. Heute unterstützt man diese Menschen mithilfe solcher Wissenschaften, damals hingegen zerstörte man dieses „lebensunwerte Leben". Ein Kontrast, wie der Tod und das Leben selbst. Heute sind die Ereignisse der Geschichte für viele Menschen unvorstellbar. Denn eigentlich sollte gelten: „fabula docet!"- Die Geschichte lehrt! Man meine, dass die Menschen aus dieser Vergangenheit gelernt haben. Doch ist diese Annahme wirklich haltbar?

---

[35] Vgl. ebd. S. 19
[36] Vgl. ebd.

## 5.2. Bioethik

### 5.2.1. Was bedeutet Bioethik?

Der Begriff Bioethik gehört zu verschiedenen Gebieten der Forschung. Zum einen lässt er sich im Bereich der angewandten Ethik wiederfinden und zum anderen hat er sich zu einem höchst kontroversen Feld in der Politik entwickelt, wobei häufig über die Unterzeichnung der Bioethik-Konvention gestritten wird oder über die Zulässigkeit von vorgeburtlichen Untersuchungen, Schwangerschaftsabbruch oder der Sterbehilfe. Die Bioethik ist nahezu ein Konflikt an sich. Immer öfter wird sie als eine gefährliche Institution verstanden, die als Verfechter einer hoch entwickelten und verwerflichen Biomedizin gilt. Dadurch ist ihr Status äußerst prekär. Doch woher kommt diese Auffassung und was steckt wirklich hinter dem Begriff?

Das Wort Bioethik setzt sich aus zwei verschiedenen Silben zusammen, die seine Bedeutung näher bringen. Nach landläufiger Sichtweise bezieht sich die Vorsilbe „Bio" auf die Biomedizin, sowie die Biotechnologie. Die zweite Wortsilbe „Ethik" steht für den theoretischen Bezug auf deren Forschungsfelder und die philosophische Frage nach der Moral. Somit sucht die Bioethik nach begründeten Urteilen und Handlungsrichtlinien für die moralischen Probleme in der Biomedizin und der Biotechnologie.[37] Die Bioethik entwickelte sich zu Beginn der 70er Jahre in den USA und geht damit aus der modernen Wissenschaft und Technik hervor. Für die Weiterentwicklung der Bioethik sind vor allem die Fortschritte in der Biomedizin verantwortlich. Die revolutionären Möglichkeiten der künstlichen Befruchtung, Organtransplantationen oder die Erfindung von Beatmungsmaschinen warfen neue ethische Fragen auf. In Europa hingegen begann sich die Bioethik erst in den 80er Jahren herauszubilden. Vor allem in Deutschland wird sie immer mit dem Hintergrund der NS-Verbrechen betrachtet.[38] Die unmenschlichen Urteile und Handlungen deutscher Ärzte in dieser Zeit machten die Notwendigkeit von Verhaltensnormen in der Medizin deutlich. Es entwickelte sich zunächst eine professionalisierte Gruppe von Bioethikern, zu deren Aufgabenfelder die Lösungssuche von moralischen Fragen in der Biomedizin und der Biotechnologie gehörte. Da stellt sich schließlich die Frage, ob es überhaupt Fachleute gibt, die ethische Fragen mit „richtig" oder „falsch" beantworten und lösen können. Diesen

---

[37] Vgl. Schramme: Bioethik. S. 8
[38] Vgl. Irrgang: Einführung in die Bioethik. S. 12-11

17

Experten müssen letztlich biowissenschaftliche Techniken und Sachfragen geläufig sein und sie müssen ihre Überzeugungen und Standpunkte durch Gründe, Argumente oder Beweise und Fakten stützen. Darin besteht laut T. Schramme das Expertentum der Bioethiker.[39] Heutzutage lassen sich verschiedene solcher Expertenausschüsse finden, sogenannte Ethikkommissionen gibt es in der Politik, Zivilgesellschaft, Wissenschaft/Forschung oder in der Medizin. Bioethiker sollten sich hinsichtlich der Lösung ethischer Problemfragen nach gewissen Leitlinien und Prinzipien richten, die eine Orientierung für menschliches Handeln vorgeben. Die Achtung der Autonomie, die Schadensvermeidung, die Fürsorge und die Gerechtigkeit haben sich hierbei als Standards durchgesetzt.[40] Grundsätzlich gibt es ein vom Europarat festgeschriebenes „Übereinkommen zum Schutz der Menschenrechte und der Menschenwürde im Hinblick auf die Anwendung von Biologie und Medizin: Übereinkommen über Menschenrechte und Biomedizin", auch bekannt als „Biomedizin-Konvention" oder kurz „Bioethik-Konvention (BEK)". Diese BEK ist ein Übereinkommen des Europarates, das am 01. Dezember 1999 nach der Ratifizierung durch 5 Staaten in Kraft trat, von Deutschland aber bisher noch nicht unterzeichnet wurde. Hiermit sollen sogenannte Mindeststandarts festgelegt werden für die verschiedenen Bereiche der medizinischen Therapie und der biomedizinischen Forschung. Zu dieser Konvention gehören weiterhin diverse Zusatzprotokolle, die zur Unterzeichnung ausliegen. Diese betreffen Themen wie das Klonverbot, Organ- und Gewebetransplantation oder den Schutz des menschlichen Embryo und Fetus.[41] Doch trotz der allgemein aufgestellten Prinzipien für die Beurteilung von letztlich menschlichem Handeln, geriet die Bioethik immer wieder in Verruf. Die Meinungen spalten sich heftig wenn es um Fragen des menschlichen Lebens geht. Die Themenkomplexe der Bioethik umfassen das Leben, selbst vor der Geburt, und reichen bis hin zu Streitfragen um den Tod eines Menschen. *Pränatale Diagnostik*, *Präimplantationsdiagnostik*, Stammzellenforschung, Eugenik oder Schwangerschaftsabbruch, Patientenautonomie und *Euthanasie* sind nur einige von vielen Problematiken die in der Bioethik heftig umstritten werden. Es sind oft sehr brisante politische Themen, die jeden einzelnen Menschen selbst betreffen können.

Ich möchte mich folglich wieder auf das Problem des Umgangs mit behinderten Menschen beziehen und dazu einen kurzen Einblick verschaffen in zwei Teilkomplexe mit denen sich die Bioethik beschäftigt. Das erste Problemfeld, die pränatale Diagnostik, betrifft die

---

[39] Vgl. Schramme: Bioethik. S. 10-12
[40] Vgl. ebd. S. 16
[41] Vgl. Frodl: Inhalte der Biomedizinkonvention. (Internet)

medizinischen Möglichkeiten, die es gewährleisten, über noch vorgeburtliches Leben Auskunft zu geben, also über die Gesundheit oder über die Schädigung des Fetus. Zudem rückt auch die Präimlantationsdiagnostik in den Vordergrund. Im Gegensatz zum Leben und der vorgeburtlichen Phase eines Menschen, steht nach geraumer Zeit auch der Tod. Daher schließt sich ein Einblick in die Diskussionen der Bioethiker über das Sterben an. Hiermit möchte ich noch einmal auf die Problematik der Euthanasie zurückgreifen.

## 5.2.2. Pränatale Diagnostik und Präimplantationsdiagnostik

Es handelt sich hierbei um die vorgeburtlichen Untersuchungen von menschlichem Leben, der pränatalen Diagnostik (PND), auch Pränataldiagnostik genannt. Bei dieser Methode werden medizinische Untersuchungen vorgenommen, durch die der Gesundheitszustand des Fetus im Mutterleib überprüft werden kann. Die Ultraschalluntersuchung und die Blutentnahme gehören zu den verschiedenen Techniken des freiwilligen medizinischen Angebots für Schwangere. Doch diese modernen Methoden haben zwei Seiten und werden oft kritisch betrachtet. In der Vergangenheit haben die Nationalsozialisten im Rahmen der Eugenik seit dem 14. Juli 1934 bis 1945 etwa 400.000 Menschen, auf der Grundlage eines „Gesetzes zur Verhütung erbkranken Nachwuchses" zwangssterilisiert. Da diese Tatsachen bekannt sind, stellt sich für viele Kritiker die Frage, ob diese medizinisch technische Entwicklung der frühzeitigen Bestimmung von Schädigungen der Feten auch heutzutage zum Missbrauch führen kann. Schließlich können Menschen mithilfe dieser modernen Methode schon zu Beginn ihres Lebens selektiert werden. Die PND macht es zumindest möglich, Behinderungen geistiger und körperlicher Art oder andere Merkmale eines Kindes im Mutterleib festzustellen. Eine weitere Technik der vorgeburtlichen Diagnostik stellt die Fruchtwasseruntersuchung, die sogenannte Amniozentese dar. Mithilfe dieser Untersuchung der fetalen Zellen aus der Fruchtblase schwangerer Frauen ist es möglich, Schädigungen des zentralen Nervensystems des Kindes sowie Erbkrankheiten (Apert-Syndrom) oder chromosomale Besonderheiten (Down-Syndrom, Pätau-Syndrom, Edwards-Syndrom) frühzeitig zu erkennen. Allerdings besteht bei diesem Verfahren das Risiko eine Fehlgeburt auszulösen und zudem bietet der Befund nie eine hundertprozentige Sicherheit. So können noch längst nicht alle Auffälligkeiten richtig gedeutet werden. Bestimmte angeborene Erkrankungen und Behinderungen werden oft gar nicht erst erkannt. Ist das Ergebnis der Untersuchung auf Schädigungen des Fetus allerdings positiv, stehen die Eltern oft vor einem

Problem, bei dem sie über Leben oder Tod der Nachkommenschaft entscheiden müssen. Dass es für die meisten Behinderungen noch keine zuverlässige Therapie gibt, macht diese Entscheidung nicht leichter. Die PND hat in diesem Falle das entscheidende Kriterium aufgezeigt, welches durch den Entschluss der Eltern, zu einem Schwangerschaftsabbruch führen kann. Schließt sich hiermit also der Kreis von unserer historischen Vergangenheit zu einer intoleranten Gesellschaft gegenüber Behinderten heute? Sortieren wir Menschenleben noch immer nach „lebenswert" und „lebensunwert"? Spielen wir erneut den Gott, der über Leben und Sterben anderer entscheidet, wie einst die Nazis vor über 65 Jahren? Das sind schwere Anschuldigungen an unsere Gesellschaft und an die Fortschritte der Biomedizin und der Biotechnologie. Trotzdem ist die Auseinandersetzung mit ethischen Fragen wie diesen notwendig. Schließlich sind die Meinungen und Argumente für und gegen diese Methoden verschieden. Auf der einen Seite vergleichen Kritiker die vorgeburtlichen Untersuchungen mit einer Art „Qualitätskontrolle", wobei behinderte Menschen schon frühzeitig diskriminiert werden. Zudem besteht das Risiko einer Fehldiagnose, somit ist die Wahrscheinlichkeit hoch, dass die Abtreibung eines gesunden Fetus praktiziert wird. Andererseits sehen Bioethiker die PND als eine Hilfe für schwangere Frauen um die Geburt und das spätere Leben zu planen. Diesen Frauen kann mithilfe der Untersuchungen gegebenenfalls auch Ängste genommen werden. Diesen Argumenten zufolge wäre die vorgeburtliche Diagnostik keinesfalls verwerflich, sie ist ein Bestandteil der medizinischen Aufklärung. Zusätzlich ist der Abbruch einer Schwangerschaft grundsätzlich nicht verboten in Deutschland. Wenn eine Frau also das Recht auf die Abtreibung ihres Kindes besitzt, dann kann man ihr auch keinen Vorwurf machen, weil sie ein behindertes Kind aus individuellen Gründen nicht akzeptieren will.[42] All diese Argumente haben ein starkes Fundament auf dem sie bauen, trotzdem erwartet man von den Bioethikkommissionen in den verschiedenen Bundesländern eine Einigung. Im Jahr 2005 veröffentlichte die bayrische Bioethikkommission eine Empfehlung zur aktuellen politischen Diskussion um die PND. Hierbei handelte es sich um eine Zustimmung dieser Methode und deren Weiterentwicklung. Allerdings äußerte sich die Kommission auch kritisch gegenüber den durchaus schleierhaften Gesetzen, wenn es um die Abtreibung von geschädigten Feten geht. Sie forderte eindeutige Grundlagen, wie die Sicherstellung einer Bedenkzeit für Schwangere von mindestens drei Tagen zwischen der Eröffnung des embryopathischen Befunds und dem Eingriff. Zudem sollten sich schwangere Frauen vor dem Schwangerschaftsabbruch einer strengeren psychosozialen Beratung unterziehen die

---

[42] Vgl. ebd. S. 57-60

dokumentiert werden sollte.[43] Dies nur als Beispiel für eine Stellungnahme über die aktuellen Diskussionen. Trotz der vielen Auffassungen muss letztlich zugestanden werden, dass der Missbrauch, wie die Diskriminierung Behinderter, durch die Ergebnisse der PND nie auszuschließen ist. Die Technik diene in solchen Fällen allerdings nur als Werkzeug für die eigentlichen Täter, so der wissenschaftliche Assistent der Universität Mannheim, Thomas Schramme, in seinem einführenden Buch über die Bioethik: *„Aber diskriminierend ist eben in diesem Fall nicht die eingesetzte Technik, sondern das Denken der Beteiligten. Aufklärung über das Leben und die Fähigkeiten von behinderten Menschen scheint hier der richtige Weg, statt Verbot einer Technik, die durchaus ihr Gutes hat."[44]*

Ein noch viel größeres Diskussionsfeld, als es die PND schon bietet, entsteht bei der Präimplantationsdiagnostik (PID). Hierbei werden dem im Reagenzglas (durch in vitro Fertilisation) entstandenen Embryo, Zellen zur Untersuchung des Erbgutes entnommen. Es können beispielsweise Erbkrankheiten und Besonderheiten der Chromosomen, wie das Down-Syndrom, Chores Huntington, Bluterkrankheit oder die Sichelzellanämie festgestellt werden. Der Arzt kann mithilfe der PID die kranken Embryonen aussondern und die gesunden einpflanzen. Im Gegensatz zur pränatalen Diagnostik war die Präimplantationsdiagnostik in Deutschland bis zum Zeitpunkt eines Urteils des Bundesgerichtshofs in Leipzig im Juli 2010, laut dem Embryonenschutzgesetz (EschG) verboten. Die PID ermöglicht letztendlich die Wunschauswahl von Kindern, beispielsweise die Selektion nach dem Geschlecht. Wie der berühmte Fall von Adam Nash (USA, August 2000) zeigte, ist es ebenfalls möglich unter einer Vielzahl von Embryonen jene auszuwählen, die allein als Spender fungieren, um ein bereits lebendes erkranktes Geschwisterkind zu retten. Die Bioethik-Konvention lässt hingegen schon seit Jahren durch den Artikel 14 (Verbot der Geschlechtsauswahl) eine Teilzulassung der PID gelten. Eine Technik zur Auswahl des Geschlechtes von Kindern wird hiermit untersagt, *„[...], es sei denn, um eine schwere, erbliche geschlechtsgebundene Krankheit zu vermeiden."*[45] Durch diese Rahmenbedingung wird die Eliminierung von geschlechtsgebundenen Krankheiten bei der Befruchtung im Reagenzglas verteidigt und somit die Türen für die Weiterentwicklung der PID geöffnet.

---

[43] Vgl. Bioethik-Kommission der Bayerischen Staatsregierung: Stellungnahme. (Internet)
[44] Schramme: Bioethik. S. 59-60
[45] Europarat: Übereinkommen zum Schutz der Menschenrechte und der Menschenwürde im Hinblick auf die Anwendung von Biologie und Medizin: Übereinkommen über Menschenrechte und Biomedizin. Artikel 14. S. 3 (Internet)

### 5.2.3. Euthanasie

Die Diskussionen der Bioethiker reichen jedoch weit über die Themenfelder um Leben und Geburt hinaus. Auch die Fragen um das Sterben jedes Menschen beschäftigt sie. Was ist der Tod eigentlich und wann gilt ein Mensch überhaupt als gestorben? Es werden Fragen gestellt die den Wert des menschlichen Lebens betreffen. Wie ist der Schwangerschaftsabbruch zu beurteilen? Ebenso spielen die moralischen Probleme der Sterbehilfe eine Rolle. Diese einschlägigen Themen werden in der BEK jedoch nicht explizit benannt. Eine Festlegung über die genauen Schutzbestimmungen des menschlichen Lebens diesbezüglich gibt es nicht. Doch wer entscheidet dann über Leben und Tod? Euthanasie wird üblicherweise erst in Erwägung gezogen, wenn sich eine Person schon im Endstadium einer unheilbaren Krankheit befindet, bzw. wenn Kinder mit schweren nicht behandelbaren Krankheiten oder Missbildungen zur Welt kommen. Trotzdem streiten Bioethiker über Sterbehilfe in einem früheren Stadium, beispielsweise bei Krankheitsfällen wie etwa Chorea Huntington, einer vererblichen Erkrankung des Gehirns ohne Aussichten auf eine Heilung. Wenn der Patient frühzeitig, auf eigenen Wunsch durch den Tod, eine Erlösung seiner Krankheit sucht, wäre es dann verwerflich sein Leiden zu verkürzen? Die Regelung für den Zeitpunkt der Sterbehilfe kann sehr verschieden ausgelegt werden, ebenso wie die aktive und passive Euthanasie oft nicht leicht zu differenzieren sind. Obwohl die aktive Sterbehilfe fast überall auf der Welt als verboten gilt, wiedersprechen einige Bioethiker auch hierbei. Es gilt, dass man schwerbehinderte Neugeborene ohne Heilungschancen und mit einer kurzen Lebenserwartung sterben lassen darf. Warum darf man diese Kinder also nicht auch aktiv töten?[46]. So lauten die Argumente. Zudem sind viele Fälle bekannt, bei denen Patienten mit einer unheilbaren Krankheit und schweren Leiden den ausdrücklichen Willen äußern zu sterben. Einige überzeugte Bioethiker und Vertreter der aktiven Sterbehilfe verweisen in diesen Fällen auf die Patientenautonomie. Schließlich sollte das Recht auf Selbstbestimmung gewährleistet werden und damit auch das Recht auf den eigenen Tod. In diesem Sinne argumentierte auch Norbert Hoerster, ein deutscher Philosoph der Universität Mainz, in seiner „Rechtlichen Überlegung zur Sterbehilfe". Aktive Sterbehilfe sollte unter bestimmten Bedingungen im Interesse des Individuums unbedingt legalisiert werden. *„Ein Individuum, das in einer derartigen Situation aus leicht nachvollziehbaren Gründen selbst seinen Tod wünscht, kann eine rechtliche Regelung, die es unter Strafe verbietet, ihm zu helfen, nur als deutliche Mißachtung seiner*

---

[46] Vgl. ebd. S.110

*Interessen betrachten.* [47] Dem Sterbewillen von entscheidungsfähigen Personen nachzukommen, ist also auf der individuellen Autonomie des Patienten begründet und dessen ausdrücklichen Wunsches, wobei Hoerster auch den mutmaßlichen Todeswunsch von nichturteilsfähigen Patienten einschließt. Hiermit öffnen sich jedoch viele Türen. Kritiker sehen die Gefahr, dass der geäußerte Todeswunsch zu leicht manipulierbar ist. Obgleich das Gesetz die aktive Sterbehilfe zurückweist, bleibt das Thema vor allem innerhalb der Diskussionen in der Bioethik umstritten.

## 5.2.4. Scharfe Kritik gegen die Bioethik

Das übermäßig große Feld der modernen Biomedizin und Biotechnologie zu dem die Bioethik Stellung bezieht bietet genügend Diskussionsraum. Die Kritiker der Bioethik kommen aus den verschiedensten Reihen, wie die der Mediziner, Theologen, Pädagogen, Politiker und vor allem aus den Behindertenorganisationen und Patienten- sowie Selbsthilfevereinen und Einrichtungen von Diakonie oder Caritas. Selbst Johannes Paul II. sprach sich erst kürzlich bei seiner Reise nach Polen gegen die Versuche des Menschen aus, sich an Gottes Stelle zu setzen. Vor allem aber das erst kürzlich gefällte Urteil des Bundesgerichtshofes in Leipzig erschütterte die standhaften Kämpfer und Wiedersacher der Bioethik. Am 06.07.2010 wurde der genetischen Untersuchung und Aussonderung geschädigter Embryonen bei der künstlichen Befruchtung grünes Licht gegeben. Die PID verstößt nun nicht mehr gegen das Embryonenschutzgesetz. Der Arzt einer „Kinderwunschpraxis" in Berlin wurde freigesprochen, obwohl er Eltern durch Gendiagnostik zu gesunden Kindern verhalf und damit gegen das Gesetz verstoßen hatte. Sicher ist dieser Beschluss eine Erleichterung für viele Eltern, die sich die Leiden einer Spätabtreibung oder die Umstände mit einem behinderten Kind zu leben ersparen wollen. Doch sind diese Argumente wirklich ausreichend für die Genehmigung der PID? Vor allem die christliche Kirche wiederspricht diesem Menschenbild. Die Deutsche Bischofskonferenz erklärte bestürzt, dass die Tötung von Embryonen nach der Aussonderung durch genetische Tests, dem Verständnis von einem Menschen widerspricht. Auch das Zentralkomitee der deutschen Katholiken reagierte fassungslos auf den *„schweren Schlag gegen den Schutz und die Würde menschlichen Lebens."* [48] Nicht zuletzt lehnen auch Behindertenverbände die scheinbare Unterscheidung

---

[47] Hoerster: Rechtsethische Überlegungen zur Sterbehilfe. S.12 (Internet)
[48] Katholische Nachrichtenagentur GmbH: Kirchen kritisieren Erlaubnis von Gentests bei Embryonen (Internet)

zwischen „lebenswertem" und „lebensunwertem" Leben konsequent ab. Man sollte fragen, wo die Grenzen der wissenschaftlichen Fortschritte für die Menschheit liegen. Wird das Unterbinden von Behinderung in unserer Gesellschaft bald völlig normal? Werden Eltern mit behinderten Kindern auf der Straße irgendwann ganz selbstverständlich mit der Frage konfrontiert: „Ach je, hätte man denn so etwas nicht verhindern können?" Und was passiert wenn aus der Möglichkeit Behinderung auszusortieren eine Pflicht entsteht? Trotz dieser prekären Fragen sind einige Ärzte sicher wenig an den Gegenargumenten der PID interessiert. Denn die Fortpflanzungsmedizin ist ein sehr gutes Geldgeschäft.[49] Auch dieser Kritikpunkt lastet schwer auf den Diskussionsteilnehmern der Bioethik. Schließlich befinden sich unter den Vertretern der Bioethik zahlreiche Politiker, Industrielle oder Naturwissenschaftler, die sich häufig viel lieber im eigenen Interesse engagieren. Hier spielen oft nicht ethische Argumente eine Rolle sondern die Durchsetzung von wirtschaftlichen und politischen Zielen. Neue biomedizinische Techniken wie die Gentechnologie lassen die Augen jener leuchten. Hängt die Bioethik zuletzt an einem Marionettenfaden der gierigen Wirtschaft? Dies ist ein Kritikpunkt unter vielen weiteren. In einer überarbeiteten Fassung eines Vortrages an der Westfälischen Schule für Körperbehinderte, spricht Bernd Heesch der Bioethik jegliche Fürworte bedingungslos ab. Es ist wichtig, trotz ihrer enormen Anziehungskraft auf unsere Gesellschaft, auch *„ihre große Gefahr"*[50] zu erkennen. Die rasende Entwicklung der Biowissenschaften ermöglicht uns heute menschliche Unversehrtheit nach selbst definierten Vorgaben zu erschaffen. Die Bioethik bietet laut Bernd Heesch genügend Wege, um dem Menschen seine Würde, seinen Wert, unveräußerliche Rechte, zentrale Eigenschaften sowie seine Schwächen und Bedürfnisse abzusprechen. Die Forschungsmethoden der PND und der PID bezeichnet er als *„Instrument der Selektion behinderter Kinder"*[51], welche für ihn somit als menschenverachtend, behindertenfeindlich und eugenisch motiviert gelten. Hilfe für körperlich und geistig Behinderte zu leisten, wie in der Heilpädagogik, wäre aus diesem Sichtwinkel überholt. Warum Behinderung integrieren, wenn wir sie schon im Vornherein Eliminieren können? Die Gefahr solcher Argumentation entsteht wenn Menschen durch die Wissenschaft konstruierbar werden, wobei Krankheiten und Behinderungen als Störung empfunden werden. Doch es wird nicht nur über die vorgeburtlichen Methoden diskutiert, die Bioethiker oft ohne Zweifel befürworten. Der missverständlich formulierte Entwurf der Bioethik-Konvention ist ein weiterer Aufhänger der Kritiker. Ein Beispiel ist die geringe

---

[49] Vgl. Klopp: Moralische Fragen sollten politisch entschieden werden (Internet)
[50] Heesch: Bioethik und Behinderung. S. 137
[51] Ebd. S. 130

Garantie vom Schutz Behinderter und Kranker, die in den schwammigen Zeilen der Konvention fehlt. Einwilligungsunfähige Menschen können sogar als Versuchskaninchen für medizinische und pharmazeutische Experimente missbraucht werden. Der Artikel 17.2 der Konvention lässt eine fremdnützige Forschung an diesen Menschen unter umgehbaren Bedingungen zu.[52] Ein weiterer Kritikpunkt der Bioethik ist das rationale Menschenbild, welches hier vertreten wird. Die Bioethik lehnt die Unantastbarkeit des menschlichen Lebens ab. Einen Sinn und Wert unterstellt sie diesem nur unter gewissen Eigenschaften die gegeben sein müssen, wie Selbstbewusstsein, Selbstkontrolle, Gedächtnis, Sinn für Zukunft und Zeit sowie Kommunikationsfähigkeit. Nur wer diese Qualitätskontrolle besteht gilt bei Bioethikern als eine Person mit Würde, Wert und Recht.[53] Ein solcher inhumaner Standpunkt ist vermutlich für viele Menschen nicht akzeptabel, trotzdem wird er von bestimmten Bioethikern ernsthaft vertreten. Ein besonderes Beispiel lieferte die Bioethikdiskussion des australischen Ethiker Peter Singer, während seines Aufenthaltes in Deutschland. Nach seiner provokanten Frage, ob schwerstbehinderte Kinder ein Recht auf Leben hätten, reagierten die Teilnehmer mit Entsetzen. Die Kritik an Singer übertrug sich schnell auf die gesamte Bioethik. Es ist jedoch nicht abzustreiten, dass Singer eine Philosophie des Utilitarismus vertritt. Sein radikales Menschenbild beruht auf dem Prinzip der Nützlichkeit und der Tüchtigkeit. Einem Menschen steht das Lebensrecht und die Lebenswürde erst zu, wenn er den Nachweis seiner Brauchbarkeit in der Gesellschaft aufbringen kann. Nach Singer gibt es ein Nützlichkeits-Kriterium, nachdem geprüft werden muss. Menschen mit geistiger Behinderung oder mit schweren Funktionsbeeinträchtigungen infolge einer Krankheit oder eines Unfalls fallen durch dieses Bewertungsraster. Alle Menschen gleichwertig zu behandeln ist für Singer eine Fehlinterpretation. Es geht viel eher darum alle Interessen gleich zu berücksichtigen und wer keine Interessen hat, der muss uns auch nicht interessieren.[54] Auch wenn Singer dem Vergleich mit der Ideologie der deutschen Rassenhygieniker des Nationalsozialismus widerspricht, liegt eine Verbindung seiner Denkweise mit der Vergangenheit nahe. Die Euthanasieverbrechen beruhten schließlich auf den Begriff des „lebensunwerten Leben" und diese Worte gehören auch zu den Argumentationsthesen einiger Bioethiker, wie Peter Singer. Euthanasie lässt sich mit dieser Auffassung schnell begründen. Sie wird wie damals zu einem Akt, der aus Mitleid mit dem Leiden kranker und behinderter

---

[52] Vgl. Europarat: Übereinkommen zum Schutz der Menschenrechte und der Menschenwürde im Hinblick auf die Anwendung von Biologie und Medizin: Übereinkommen über Menschenrechte und Biomedizin. Artikel 17.2. S.3 (Internet)
[53] Vgl. Wunder: Bio-Medizin und Bio-Ethik. Menschenwürde in Gefahr? S. 193-194
[54] Vgl. Klieme: Vom Peter Singer in uns. S.127-129

Menschen vollzogen wird. Bernhard Heesch fordert daher streng: *„Aus der Geschichte lernen heißt, die Bioethik abzulehnen!"*[55] Unter dieser schweren Last der Vorwürfe und Kritik kann die Bioethik nur versinken. Trotzdem gibt es genügend Faktoren, die sie stützen. Ob als Kritiker oder als Befürworter, es scheint durchaus notwendig sich mit ihr auseinanderzusetzen.

## 6. Zusammenfassung

In diesem Abschnitt meiner Arbeit, über das Thema der Euthanasie in unserer Vergangenheit und dem Hinblick auf die heutige Problemlage, möchte ich eine Zusammenfassung geben. Es liegt mir am Herzen zu betonen, dass mir die Aufgabe dieser Seminararbeit nicht zu jedem Zeitpunkt leicht gefallen ist. Zu Beginn dieses Tauchganges, welcher mich in ein vorwiegend unbekanntes Gebiet leiten sollte, stand der Besuch der Gedenkstätte Pirna-Sonnenstein. Der nur kurz geplante Aufenthalt verlängerte sich um mehrere Stunden, denn seit der Besichtigung und den Gesprächen mit den Mitarbeitern, entwickelte sich ein zunehmendes Interesse bei mir. Trotzdem fiel die Arbeit an diesem Thema schwerer als erwartet. Die ständige Konfrontation mit dem Tod, dem Leid und den grauenvollen Verbrechen der Vergangenheit sorgten oft für ein schwermütiges Gefühl. Dennoch gab mir dieses Problem den Anlass mich weiter in die Thematik zu vertiefen. Noch heute haben die Taten der Nationalsozialisten viele Spuren hinterlassen, die von einigen Menschen oft übersehen werden. Die Stadt Pirna und ihre Hartnäckigkeit, dem Vergessen entgegenzuwirken, hat mich sehr beeindruckt. Die historischen Geschehnisse dürfen nicht vergraben werden. Aus der Geschichte sollen wir alle lernen. Doch das ist nur möglich, wenn wir die Geschichte auch wirklich verstehen. Dazu tragen Gedenkstätten wie diese bei, indem sie uns mahnend an historische Verbrechen erinnern.

Beim Anblick der Unmenschlichkeit und der Ignoranz, die aus der Vergangenheit des Nationalsozialismus hervorging, fehlen einem leicht die Worte. Umso unverständlicher wird dann die Sichtweise eines Bioethikers, wie die des Peter Singer, die ich eben erwähnte. Behinderung und Krankheit gab es von Anbeginn unserer Menschheit. Daher ist diese Tatsache seither Inbegriff der Definition des Menschen und dessen bunter Vielfalt. Der Wunsch vieler Eltern, ein gesundes Kind auf die Welt zu bringen, ist durchaus

---

[55] Heesch: Bioethik und Behinderung. S. 134

nachvollziehbar. Trotzdem haben wir nicht das Recht zwischen „lebenswert" und „lebensunwert" zu sortieren. Es ist äußerst widersprüchlich wenn wir einerseits Zeichen gegen die Verbrechen der Vergangenheit setzen, wie mit dem Nürnberger Kodex, und andererseits den Verbrechern die Hände schütteln, indem wir dieselben Vergehen wieder zulassen. Die vielen Missverständlichkeiten zeigen, dass man der Bioethik-Konvention kritisch gegenüber treten muss. Wir dürfen uns von den enormen Fortschritten der technischen Möglichkeiten der modernen Biomedizin nicht regungslos blenden lassen. Es mag einige Argumente geben, die für die Ausweitung der Forschung sprechen. Es ist davon auszugehen, dass sich jeder Mensch in einer unterschiedlichen Lebenslage befindet und einige von uns mehr als andere von den Fortschritten der modernen Technik profitieren. Manche Menschen erlangen mit ihrer Hilfe eine bessere Lebensqualität, andere wiederum bleiben jedoch auf der Strecke. So kann es beispielsweise viele Gründe geben, warum eine Mutter ihre Schwangerschaft unterbrechen möchte. Niemand kann ihre Gründe beurteilen und es weiß auch kein anderer besser als sie selbst, ob diese Maßnahme wirklich notwendig ist. Vielleicht beruht ihr Argument auf die Behinderung ihres Kindes. Wenn die schwangere Frau ihr Baby abtreiben lässt, dann macht sie das vermutlich aus guten Gründen, um ihr eigenes Leben zu verbessern. Doch die eigentliche Frage bleibt im Raum stehen: War es richtig einem Fetus das Recht auf Leben zu nehmen zum Wohlwollen der Mutter? Die medizinische Technik hat in diesem Falle etwas verwirklicht, was durchaus diskussionswürdig ist. Sie hat nur einen der beiden Betroffenen berücksichtigt. Nicht zuletzt hat die technische Möglichkeit dabei geholfen, diese Entscheidung zu treffen. Die Türen des Möglichen stehen weit geöffnet und die Angebote scheinen attraktiver denn je.

Die heikle Problematik der Bioethik ist unglaublich komplex und breit gefächert, sie bietet darum gewaltigen Spielraum für Diskussionen. Leider war es mir unmöglich tiefer in diese Thematik einzusteigen, die genügend Material geboten hätte. Vom Thema der Euthanasie und dessen Bekanntheit in der Antike, über die aktuellen Debatten um Sterbehilfe, bis hin zu den verschiedensten Sichtweisen im Umgang mit Behinderung heute. Diese Aufgabe war für mich eine Bereicherung in jeglicher Form. Es ist nicht auszuschließen, dass mein späterer Beruf mich wieder zu einer Auseinandersetzung mit dem Thema Behinderung bewegen wird. Umso wichtiger ist es auf diese Erfahrungen zurückgreifen zu können. Es wird immer notwendig bleiben, nicht die Augen vor diesen Themen zu verschließen und vor allem die Geschichte nicht in Vergessenheit geraten zu lassen. Denn es gab eine Zeit in der Behinderung und Krankheit verachtet, missbraucht und gedemütigt wurde.

Dies nicht zu vergessen ist wichtig- denn Probleme wie diese der Euthanasie, sind nicht nur Themen der Vergangenheit!

# Literaturverzeichnis

## Monographien:

**Böhm**, Boris: *Pirna-Sonnenstein. Von einer Heilanstalt zu einem Ort Nationalsozialistischer Tötungsverbrechen.* Begleitband zur ständigen Ausstellung der Gedenkstätte Pirna-Sonnenstein. Dresden, Pirna: 2001

**Council of Europe Publishing**: *Euthanasie. Nationale und Europäische Perspektive.* Bd.2, Münster: 2005

**Eibach**, Ulrich: *Sterbehilfe- Tötung aus Mitleid? Euthanasie und „lebensunwertes" Leben.* Wuppertal: 1998²

**Irrgang**, Bernhard: *Einführung in die Bioethik.* München: 2005

**Klee, Ernst:** *Euthanasie im NS-Staat- Die „Vernichtung lebensunwerten Lebens".* Frankfurt/M.: 1985

**Klein**, Ferdinand/ Meinertz, Friedrich/ Kausen, Rudolf: *Heilpädagogik: Ein pädagogisches Lehr- und Studienbuch.* Bad Heilbrunn: 1999¹⁰

**König**, Karl: *Das Seelenpflege-bedürftige Kind. Vom Wesen der Heilpädagogik.* Stuttgart: 2008.

**Orth**, Linda: *Die Transportkinder aus Bonn. „Kindereuthanasie".* Köln: 1989

**Schramme**, Thomas: *Bioethik.* Frankfurt/Main: 2002

**Zimmermann**, Susanne: *Quellen zur Geschichte Thüringens. Überweisung in den Tod. Nationalsozialistische Kindereuthanasie in Thüringen.* Erfurt: 2005

**Zülicke**, Freddy: *Sterbehilfe in der Diskussion. Eine vergleichende Analyse der Debatten in den USA und Deutschland.* Medizin Bd. 12, Münster: 2005

## Sammelbänder:

**Klieme**, Joachim: „Vom Peter Singer in uns." In: Bach, Ulrich/ De Kleine, Andreas (Hrsg.): *Auf dem Weg in die totale Medizin? Eine Handreichung zur Bioethik-Debatte.* Neukirchen: 1999. S.126-133

**Maaz**, Asja/ Nordheim, Johanna/ Winter, Maik H.-J./ Kuhlmey, Adelheid: „Chronische Krankheit im Alter: Versorgungsrealitäten aus Patientensicht." In: Janßen, Christian/ Borgetto, Bernhard/ Heller, Günther (Hrsg.): *Medizinsoziologische Versorgungsforschung. Theoretische Ansätze, Methoden, Instrumente und empirische Befund.* Weinheim, München: 2007. S. 217-236

**Wunder**, Michael: „Bio-Medizin und Bio-Ethik. Menschenwürde in Gefahr?" In: Dörr, Günter/ Grimm, Rüdiger/ Neuer-Miebach, Therese (Hrsg.): *Aneignung und Enteignung. Der Zugriff der Bioethik auf Leben und Menschenwürde.* Düsseldorf: 2000. S. 187-199

**Zeitschriftenaufsätze:**

**Heesch**, Bernd: „Bioethik und Behinderung." In: Behindertenpädagogik. 42 (1/2), 2003. S. 127-137

**Internetquellen:**

**Bundesgerichtshof**: „Pressemitteilung Nr. 129/10." 25.06.2010. In: Juris- Das Rechtsportal. URL: *http://juris.bundesgerichtshof.de/cgi-bin/rechtsprechung/document.py?Gericht=bgh&Art=pm&Datum=2010&Sort=3&anz=158* (15.08.2010)

**Bundesgerichtshof**: „Urteil vom 25.06.2010. 2 StR 454/09" 25.06.2010. In: Juris- Das Rechtsportal. URL: *http://juris.bundesgerichtshof.de/cgi-bin/rechtsprechung/document.py?Gericht=bgh&Art=pm&Datum=2010&Sort=3&anz=158& pos=29&nr=52999&linked=urt&Blank=1&file=dokument.pdf* (15.08.2010)

**Bundesministerium der Justiz**: „§ 218a Straflosigkeit des Schwangerschaftsabbruchs." In: Juris- Das Rechtsportal. Strafgesetzbuch. URL: *http://www.gesetze-im-internet.de/stgb/__218a.html* (09.08.2010)

**Europarat**: „Übereinkommen zum Schutz der Menschenrechte und der Menschenwürde im Hinblick auf die Anwendung von Biologie und Medizin: Übereinkommen über Menschenrechte und Biomedizin." 04.04.1997. In: Interessengemeinschaften kritische Bioethik Deutschland. URL: *http://www.kritischebioethik.de/225_bioethik-konvention.pdf* (20.08.2010)

**Frodl**, Christian: „Informations- und Protestseite zur Biomedizin-Konvention (Bioethik-Konvention) des Europarates." O.J. In: Interessengemeinschaft kritische Bioethik Deutschland. URL: *http://www.bioethik-konvention.de/index.html* (28.08.2010)

**Geschäftsstelle der Bioethik-Kommission Bayern**: „Stellungnahme. Schutz des behinderten ungeborenen Lebens" 18.02.2005. In: Bioethik-Kommission der Bayerischen Staatsregierung. URL: *http://www.bioethik-kommission.bayern.de/Stellungnahmen-.2173.10253327/index.htm* (21.08.2010)

**Hoerster**, Norbert: „Rechtsethische Überlegungen zur Sterbehilfe." (o.J.) In: Johannes Gutenberg-Universität Mainz. Psychologisches Institut. URL: *http://www.psych.uni-mainz.de/abteil/soz/thanatologie/Literatur/heft18.pdf* (29.08.2010)

**Katholische Nachrichtenagentur GmbH**: „Kirchen kritisieren Erlaubnis von Gentests bei Embryonen." 07.07.2010. In: Kirchensite. Online mit dem Bistum Münster. URL: *http://kirchensite.de/aktuelles/kirche-heute/kirche-heute-news/datum/2010/07/07/kirchen-kritisieren-erlaubnis-von-gentests-bei-embryonen/* (20.08.2010)

**Kautz**, Oliver: „Sterbehilfe für Kinder? OLG Hamm: In Ausnahmefällen ist die Einstellung der Ernährung zulässig." 02.2008. In: Deutsche Gesellschaft für humanes Sterben e.V. URL: *http://www.dghs.de/pdf/43_HLS2_08.pdf* (16.08.2010)

**Klopp**, Tina: „Moralische Fragen sollten politisch entschieden werden." 06.07.2010. In: Zeit Online. Zeitgeschehen. URL: *http://www.zeit.de/gesellschaft/zeitgeschehen/2010-07/bundesgerichtshof-leipzig-praeimplantationsdiagnostik?page=all* (27.08.2010)

**Woratschka**, Rainer: „Beim Sterben helfen." 11.08.2008. In: Der Tagesspiegel. Wirtschaft. URL: *http://www.tagesspiegel.de/wirtschaft/verbraucher/beim-sterben-helfen/1298042.html* (16.08.2010)

**Abbildungen**

**Abbildung 1**: Zielske H. und D.. View over Elbe River to Pirna with St. Mary church and Sonnenstein castle, Pirna, Saxony, Germany. o.J.. Aus: gettyimages. URL: http://www.gettyimages.com/detail/84428449/LOOK (06.09.2010)

**Abbildung 2**: Kaiser, Tina. Glastafel-Trostbrief. 05.05.2010

**Abbildung 3**: Kaiser, Tina. Gedenkspur-Altstadt. 05.05.2010

**Abbildung 4**: Kaiser, Tina. Pirna Sonnenstein-Ausstellung. 05.05.2010

**Abbildung 5**: Kaiser, Tina. Ausstellungskeller-Gaskammer. 05.05.2010

# Anhang

Anlage 1

<table>
<tr><td>

**Protokoll**

Über das Gespräch mit einer freien Mitarbeiterin der Gedenkstätte Pirna-Sonnenstein

Am: 05.05.2010

Beginn: 14.45 Uhr                 Ende: 15.00 Uhr

Ort: Bibliothek der Gedenkstätte


Schriftführerin: Tina Kaiser

</td></tr>
</table>

*Einleitend beginnt N. B. mit der Frage nach der Anzahl der Beschäftigten der Gedenkstätte Pirnas.*

Die freie Mitarbeiterin B. S. erklärt, dass mittlerweile 2 Angestellte und 6 freie Mitarbeiter zum Team gehören. Darunter beschäftigt seien Dr. B. der Leiter der Gedenkstätte und R. H., die Bürosachbearbeiterin. Die freiwilligen Arbeiten leisten unter mitunter studentische Mitarbeiter.

*N. B. erkundigt sich nach dem allgemeinen Besucherinteresse an der Gedenkstätte Pirna-Sonnenstein.*

B. S. berichtet über Schulklassen, welche den Weg zur Gedenkstätte häufig beschreiten. Das Angebot der Besichtigung und der historischen Führung durch das Personal ziele besonders auf Klassen von der achten Jahrgangsstufe an ab. Schließlich besuchen immer häufiger auch Gruppen jüngerer Jahrgänge die Stätte, worüber sich B. S. positiv äußert. Ihr ist bewusst, dass die Aufmerksamkeit, das Verständnis und das Verhalten der Schüler gegenüber dieser Problematik stetig schwanken während der Führung und dass die sorgfältige Aufbereitung dieses Thema vom Lehrer im Vorfeld ausschlaggebend ist. Eine Führung sei erst gelungen, wenn alle Schüler sich angesprochen fühlen und die Eindrücke auf sich wirken lassen. B. S. erklärt weiter, dass mit den Schülergruppen oft im Anschluss partnerweise gearbeitet wird. Biografien getöteter Euthanasieopfer werden wie bei einem Memory-Spiel erarbeitet. Dies diene einem besseren Umgang mit den Geschehnissen und der persönlichen Auseinandersetzung. Schließlich sollen die Schüler verstehen, dass an diesem Ort nicht ausschließlich schwer-geistig und körperlich-Behinderte der „T-4" Aktion zum Opfer fielen, sondern auch Psychisch-Kranke Personen oder auch jene denen man eine Behinderung gar nicht medizinisch nachgewiesen hatte. Jeden konnte es treffen, führt B. S. fort.

*N. B. bittet weiterhin um Auskunft nach den genauen Besucherzahlen der letzten Monate.*

Darauf erläutert B. S., dass Besuche von Familien selten vorkommen. Meist kommen die Besuchergruppen von Gymnasien oder Mittelschulen, Berufsbegleitenden Schulen wie der Alten,- und Krankenpflege, Offiziersschulen der Bundeswehr, Pfadfinder, Jugendweihe oder Jugendliche, welche sich im Diakonischen oder Freiwilligem Sozialen Jahr befinden. Mithilfe der Statistik ergänzt B. S. ihre Ausführung und erläutert die Besucherzahlen im Monat März des Jahres 2010. Es handelt sich um insgesamt 1004 Personen, davon 319 Schüler aus verschiedenen Schulen, welche von den Mitarbeitern der Gedenkstätte begrüßt wurden. Während der Schulferien könne man eine Verringerung der Gruppenbesuche allerdings deutlich feststellen, in dieser Zeit können sich die Angestellten und Hilfskräfte besser auf die Fragen der einzelnen Besucher konzentrieren.

*N. B. fährt fort und erfragt den näheren Ablauf der Führungen durch die Gedenkstätte Pirnas.*

Die Mitarbeiterin erklärt, dass in den Seminarräumen jährlich Einführungsseminare mit ca. 50 Personen und Lehrerfortbildungen stattfinden. Während einer direkten Führung sollte hingegen die Teilnehmerzahl von 25 Besuchern nicht überschritten werden. B. S. erklärt folglich den Ablauf einer solchen Führung durch die Gedenkstätte. Zu Beginn werden den Besuchergruppen demnach Einführungsvorträge mithilfe von Folien und dem üblichen Polylux gehalten, daraufhin folge meist der Besuch der ständigen Ausstellung. Auch das Außengelände komme nicht zu kurz, erläutert die Mitarbeiterin. Hierbei werden die Baulichkeiten auf dem Sonnenstein beleuchtet, mitunter der Untersuchungsraum, welcher heute als Speisesaal dient, die ehemaligen Verwaltungsgebäude und die damalige Zufahrt für die Busse. Zudem stoßen Historiker noch heute auf bisher ungeklärte Fakten, die nur gering erhaltenen Unterlagen erschweren die Arbeit beträchtlich. Seit kurzem diskutieren Forscher die Zugehörigkeit der verbliebenen Festungsmauer als Sichtschutz auf das ehemalige, von den Nazis missbrauchte Schlossgelände.

*Letztlich fragt N. B. nach den allgemeinen Reaktionen der Besucher, vor allem aber der Schulgruppen und der einzelnen Schüler.*

Nach kurzer Überlegung erwidert B. S.: „Ich habe oft erlebt, wie hier so mancher harter Kerl anfing mit seinen Gefühlen zu kämpfen." Vielen Schülern merke man es an, wie es innerlich in ihnen arbeitet. Die Mitarbeiterin erläutert, dass sie vor allem in den Lehrern das ausschlaggebende Glied dafür sieht, wie intensiv die Schüler diese Problematik an sich heranlassen. Entscheidend sei das pädagogische Konzept und eine gut durchdachte Vor- und Nachbereitung zu diesem Thema. Manche Schulklassen, so B. S., wurden durch ihre Lehrer lange Zeit vorher auf diesen Besuch vorbereitet. Die freie Mitarbeiterin erwähnt eine Schülergruppe der Klassenstufe 7, die Blumen mit sich führten um diese an der letzten Station, der Gaskammer, niederzulegen. Gelegentlich besuchen Klassen die Gedenkstätte auch unvorbereitet. B. S. erinnert sich an eine sehr abgelenkte Gruppe, für die der Besuch nur ein zeitfüllendes Ereignis darstellte. Solche Gäste seien oft schwer anzuregen sowie zu motivieren und vielen Schülern fehle während der Führungen die nötige Achtung. Einigen Lehrern fiel es nicht nur schwer das Interesse ihrer Schüler zu wecken, immer wieder kämpfen sie um eine angemessene Lautstärke. Schließlich sei diese Gedenkstätte einmal ein Ort voller Furcht und Schrecken gewesen. Hier auf dem Sonnenstein Pirna, so B. S., vollzogen sich die nationalsozialistischen Euthanasieverbrechen an tausenden Menschen wirklich.